RELIGION EN ACTION
THÉÂTRE DE LA JEUNESSE.

Drames. — Pastorales. — Comédies-Vaudevilles
Chants pour distributions de prix
Fêtes des Supérieurs et autres solennités.

ANNA
LA PROPHÉTESSE

LES

BERGÈRES DE LA PALESTINE
AU TEMPS DU MESSIE,

PASTORALES

PAR

M. L'ABBÉ ESTÈVE

AUMONIER DU LYCÉE DE POITIERS, OFFICIER DE L'INSTRUCTION
PUBLIQUE, CHEVALIER DE LA LÉGION D'HONNEUR.

POITIERS
HENRI OUDIN, LIBRAIRE-ÉDITEUR,
RUE DE L'ÉPERON, 4.
1864

ANNA LA PROPHÉTESSE

LES

BERGÈRES DE LA PALESTINE

AU TEMPS DU MESSIE,

PASTORALES

PAR

M. L'ABBÉ ESTÈVE

AUMONIER DU LYCÉE, OFFICIER DE L'INSTRUCTION PUBLIQUE,
CHEVALIER DE LA LÉGION D'HONNEUR.

POITIERS

HENRI OUDIN, LIBRAIRE-ÉDITEUR

RUE DE L'ÉPERON, 4.

1864
1863

PROLOGUE.

D'après une ancienne légende, les parents du jeune
Messie, fuyant en Egypte pour le soustraire au massacre
ordonné par le cruel Hérode, traversèrent le désert en
prenant la route du Sinaï ; arrivée au pied de l'Horeb,
montagne d'Arabie, la sainte Famille se reposa dans la
grotte dite de Moïse : ce lieu, déjà consacré par la présence et par les miracles du grand Législateur, servit
aussi de refuge au prophète Elie, qui s'y était retiré
pour échapper aux persécutions de l'infâme Jézabel.
Ainsi, après avoir reçu la visite des plus illustres fugi-
tifs, cette grotte privilégiée aurait un instant abrité
l'Enfant-Dieu lui-même. D'autre part, saint Luc rap-
porte, au chapitre 2e de son Évangile, qu'il y avait à la
même époque, à Jérusalem, une prophétesse nommée
Anna, fille de Phanuel, de la tribu d'Azer, qui était
veuve et fort avancée en âge. Il ajoute qu'étant survenue
dans le temple au moment de la présentation du Sauveur, elle se mit à louer Dieu et à parler de Jésus à tous
ceux qui attendaient la rédemption d'Israël.

Telles sont les données qui ont inspiré les dialogues
suivants.

(An IV de Jésus-Christ.)

ANNA

LA PROPHÉTESSE.

PERSONNAGES.

MADIANA.	ARSINOÉ.
FATHIMIS.	DATHY.
ZÉA.	AISLA.
ALTINE.	GADZINE.
LAHZA.	ISMAIL.
VANGÉLY.	ANNA la prophétesse.

La scène est au pied de l'Horeb , le site est champétre et ombragé.

ANNA

LA PROPHÉTESSE.

SCÈNE PREMIÈRE.

MADIANA, FATHIMIS.

FATHIMIS.

Déjà le soleil darde sur nos têtes ses rayons enflammés, le désert est tout en feu, les troupeaux recherchent l'ombrage, et les gardiens reposent sous leurs tentes; cependant nos sœurs ne sont point encore de retour. Oserai-je demander quel peut être le motif de cette course mystérieuse et si prolongée?...

MADIANA.

On a quelquefois des raisons de ne pas se prêter aux désirs des petites curieuses.

FATHIMIS.

Parce que je suis jeune, on me croit légère : on se trompe : je sais, quand il le faut, garder un secret; de grâce, Madiana, que je sache de quoi il s'agit!

MADIANA.

A présent que tu es polie, je vais te satisfaire. Eh bien ! c'est que nous voulons aujourd'hui célébrer le second anniversaire d'un événement dont le souvenir ne sortira jamais de notre mémoire. Pendant qu'avec toi je garde ici nos troupeaux réfugiés maintenant à l'ombre de ces palmiers touffus, nos sœurs sont allées recueillir des plantes embaumées dont une source lointaine entretient la fraîcheur. Bientôt elles reparaîtront chargées d'un riche butin de sésame, de nopals et d'autres fleurs délicates ; nous en tresserons une couronne dont nous irons décorer la grotte privilégiée où se reposa un instant cette belle fugitive dont nulle autre femme n'égala jamais la grâce et la majesté ; elle portait dans ses bras l'Enfant de la promesse, l'Enfant-Dieu, que poursuivait Hérode, le cruel tyran de la Judée. Ainsi s'est ennoblie de nouveau cette grotte mystérieuse percée dans les flancs de l'Horeb, et qu'avait illustrée déjà la présence de Moïse le grand législateur. Il semble que Jéhova nous ait confié la garde de ce lieu consacré par de si beaux souvenirs, depuis le temps où Jéthro, notre illustre aïeul, s'allia avec Moïse par reconnaissance et par admiration pour ce noble caractère. Fidèle à sa mémoire comme à ses enseignements, notre famille, devenue la sienne, a toujours conservé le culte du vrai Dieu et l'espoir de ce Messie libérateur par excellence, que nous avons eu le bonheur d'entrevoir à son passage dans le désert, mais qui nous est échappé ainsi que s'envole un songe, alors qu'on voudrait en prolonger les doux enchantements.

FATHIMIS.

Oh ! pourquoi n'est-il pas resté parmi nous ? Là, au pied de l'Horeb, dans cette solitude profonde où croissent les platanes ombreux, ses ennemis cruels n'auraient pu ni le découvrir, ni l'atteindre. Et pour nous, quel bonheur de contempler tous les jours ses traits divins, plus beaux que la lumière, plus doux que les yeux de la gazelle ! Peut-être même m'aurait-il permis de lui offrir de mes dattes succulentes, et du lait si blanc, si délicieux de ma chevrette des montagnes ! Peut-être même encore m'aurait-il permis de jouer avec lui quelquefois sous les yeux de sa mère !

MADIANA.

Je crois qu'il eût accepté ces dons offerts par l'innocence, mais ses pensées déjà si graves l'auraient éloigné de tes jeux enfantins.

FATHIMIS.

Sais-tu, Madiana, que je suis grandement fâchée contre toi et contre toutes mes sœurs ?

MADIANA.

Et pourquoi cela, s'il te plaît ?

FATHIMIS.

C'est pour m'avoir empêchée d'aller aussi à la recherche des fleurs ! Ne pouvais-je pas, comme les autres, rapporter quelques tributs qui seraient entrés dans la composition de cette couronne dont, à défaut de l'Enfant-Dieu lui-même, nous allons décorer la grotte où il reposa ?

MADIANA.

On y a mis quelque mystère, précisément à cause de ta jeunesse extrême ; il s'agissait de franchir le torrent, et d'aller à travers les rochers jusqu'à l'autre bord de la grande oasis ; évidemment tes forces n'auraient pu suffire à tant de fatigues.

FATHIMIS.

Eh bien ! je m'en dédommagerai en entrelaçant
dans la couronne l'une des branches fleuries de ce
joli romarin que je cultive , ici près , et que j'arrose
tous les jours avec une onde puisée à la source miraculeuse.

MADIANA.

J'entends des cris, des chants joyeux : voici nos
sœurs.

SCÈNE II.

LES MÊMES , ZÉA , ALTINE , LAHZA , VANGÉLY, ARSINOÉ, DATHY, AISLA, GADZINE, ISMAIL.

*(Elles entrent en chantant , tenant à la main les fleurs
qu'elles ont cueillies.)*

CHŒUR.

Heureux àge
Où les fleurs
Sont des cœurs
Le fidèle langage !...

ZÉA.

De ces fleurons choisis
Formons une couronne.

ALTINE.

L'amour les a cueillis
Et c'est lui qui les donne !

LAHZA.

Allons en décorer le berceau trop heureux
Où dormit un instant le jeune Roi des cieux.

VANGÉLY.

Allons en décorer la grotte consacrée
Par tant de souvenirs, honneurs de la contrée.

ARSINOÉ.

Quel bonheur de payer ce tribut gracieux
A l'enfant que le monde appelait de ses vœux !

DATHY.

Jamais je n'oublîrai les grâces de sa mère,
Ni ce noble vieillard qui lui servait de père.

AISLA.

Il passa comme un rêve et comme un rêve d'or !

GADZINE.

Ah ! si nos yeux pouvaient le contempler encor !

ISMAIL.

Nous irions de nos mains le couronner lui-même !

ZÉA.

En quelque lieu qu'il soit, ne sait-il pas qu'on l'aime ?

ALTINE.

En quelque lieu qu'il soit, ne sait-il pas nos vœux ?

LAHZA.

L'univers tout entier est présent à ses yeux !

TOUTES.

Heureux âge
Où les fleurs
Sont des cœurs
Le fidèle langage !...

MADIANA.

Avant de former la couronné de toutes ces fleurs
réunies, j'oserai vous demander, commé l'aînée,
quel motif a décidé vos choix divers : j'imagine que
ce n'est pas le hasard qui a fixé votre prédilection.
Parlez la première, vous, Zéa.

ZÉA.

J'ai choisi la tendre violette : elle est le premier-né
du printemps ; la solitude lui plaît ; elle fleurit dans
un modeste silence. Les bergers l'estiment et la recherchent ; ses parfums, non son éclat, trahissent sa
présence ; aussi en a-t-on fait l'emblème de la plus
belle, de la plus touchante des vertus.

N'était-il pas juste d'en faire hommage à celui qui
a dépouillé les rayons de sa gloire, pour apparaître
sous les traits simples et modestes d'un petit enfant ?

ALTINE (*montrant une superbe rose*).

J'ai préféré la rose à cause du vif éclat de ses couleur, elle est sans contredit la reine des fleurs : oui,
la plus belle que le printemps fait éclore ; et ses parfums, qui oserait en contester l'exquise délicatesse ?
Elle est le naturel et vif emblème de cette charité
ardente qui a porté le fils de l'Eternel à se faire
homme par amour pour les hommes ; à ce titre, la
rose a droit de lui être offerte.

LAHZA.

Ma fleur de prédilection, c'est le tendre lis des
champs : il croît à l'ombre des aloès parfumés. Voyez
comme il lève ses clochettes fleuries, rangées comme

des perles, et blanches comme la lumière ! Cette
fleur, vous le savez, c'est l'emblème gracieux de
l'innocence et de la pureté du cœur. Jugez s'il faut
en faire hommage à ce petit Enfant-Dieu, fils d'une
Vierge, et qui est lui-même la pureté par excellence.

VANGÉLY.

La fleur que j'ai choisie brille d'un modeste éclat ;
mais à la voir de près, c'est comme une étoile au
ciel : je l'ai trouvée au bord d'un ruisseau. C'est la
tendre germandrée, c'est la fleur du souvenir. Et
n'est-ce pas un souvenir que nous fêtons, souvenir
de ce beau jour où l'Enfant-Dieu parut un instant
sur cette plage et nous jeta dans un ravissement qui
dure encore !...

ARSINOÉ.

J'ai choisi l'asphodèle, elle est aimée des génies
supérieurs. Signe de commandement et de royauté,
ne faut-il pas en faire hommage à ce jeune conqué-
rant venu pour étendre sur toutes les nations son
sceptre tout à la fois pacifique et libérateur ?

Emblème d'un amour illimité, elle croît, dit-on,
au séjour des immortels.

DATHY.

Mon choix s'est fixé sur l'anémone, au beau
feuillage, aux riches couleurs ; elle incline sa tête
avec grâce, et abandonne ses trésors au souffle qui
l'agite. Oh ! n'est-ce pas l'image des grâces incom-
parables du jeune Messie et de cette complaisance
admirable avec laquelle il répand ses bienfaits ?

Voilà les motifs de ma préférence.

AISLA.

J'ai réuni ces branches et ces fleurs, car j'y voyais
l'énergique symbole de la mission de l'Enfant-Dieu,
et des sentiments qu'il doit inspirer à tous les
cœurs.

L'olivier, c'est la paix; et le myrthe, c'est l'amour.

ALTINE.

J'ai entrelacé ces fleurs de sésame et de nopals :
grâce, éclat et grandeur, mais aussi beaucoup d'épines; n'est-ce pas, au dire des prophètes, ce qui
marquera la carrière du grand et divin libérateur?

ISMAIL.

A ces branches de platane et de laurier, j'ai cru
devoir unir le gracieux héliotrope : le platane c'est
l'image de son génie, le laurier nous rappelle le
triomphateur glorieux, et cette fleur modeste lui
dira tendrement : Je vous aime!

TOUTES.

(Elles chantent.)

Heureux âge
Où les fleurs
Sont des cœurs
Le fidèle langage !...

FATHIMIS.

Et moi qu'on oublie toujours, je cours chercher
mon flexible et joli romarin : il est orné de fleurs
blanches toutes parsemées de points bleus et roses;
il formera le cerceau de la couronne, réunissant à
lui seul tous les symboles à la fois. *(Elle sort.)*

SCÈNE III.

LES MÊMES, MOINS FATHIMIS.

ZÉA.

Pensez-vous, Madiana, qu'il nous sera donné de
revoir ce cher et divin Enfant, ici, dans ce désert,
où sa présence fit un moment couler des ruisseaux
de miel, changeant toute la solitude en oasis for-
tunée et nous laissant à son départ, hélas trop pré-
cipité, des souvenirs aussi délicieux qu'instructifs?

MADIANA.

Je ne sais quelle route il doit prendre à son retour,
mais il paraîtrait qu'il habite encore Hermopolis la
Grande, au fond de la Thébaïde.

SCÈNE IV.

LES MÊMES; FATHIMIS.

FATHIMIS.

O Dieu! quelle rencontre inespérée! Là tout près,
une femme, ou plutôt une reine au port noble et
majestueux, belle encore, malgré son grand âge,
mais paraissant fatiguée, vient de me demander, à
ma grande surprise, précisément le chemin de la
grotte miraculeuse, séjour de Moïse et d'Elie, et de
nouveau consacrée par le passage de l'Enfant-Dieu.

Je lui ai expliqué, en quelques mots, que nous
allions nous y rendre nous-mêmes et dans quel but.
« Jéhova, s'est-elle écriée, grâces immortelles te
» soient rendues! »

Puis ramenant sur moi ses regards pleins d'une
expression ineffable : « Chère enfant, enfant bénie
» du Ciel, a-t-elle ajouté, demandez à vos sœurs
» si je puis me joindre à leur cortége pieux. De-
» mandez si je puis, avant le départ, m'entretenir
» un instant avec elles. »

MADIANA.

Que vous en semble ?

TOUTES.

Oui, oui, recevons la noble étrangère.

SCÈNE V.

LES MÊMES ; ANNA LA PROPHÉTESSE.

(Elle est présentée par Fathimis.)

ANNA.

Que le Dieu d'Abraham, d'Isaac et de Jacob vous
comble de ses faveurs les plus signalées, gracieux
rejetons d'une famille à jamais illustre. Après le
bonheur que j'ambitionne, celui de revoir et de
presser encore sur mon sein l'Enfant de la promesse,
peut-il y en avoir de plus grand que l'honneur d'être
admise à partager les religieux transports qui font
battre vos cœurs ?

MADIANA.

Reposez-vous, noble et sainte étrangère ; puis,
s'il n'y a pas de notre part excés d'indiscrétion, j'o-
serai vous demander, au nom de tontes mes sœurs,
quel est votre pays et le but d'un si long voyage, car

vous paraissez excédée de fatigue. (*Anna s'assied, toutes les jeunes bergères se rangent autour d'elle avec respect.*)

ANNA.

Je suis de Jérusalem, antique et glorieuse cité de David : je perdis, jeune encore, l'époux que le ciel m'avait donné ; après lui, mon cœur ne pouvait en aimer un autre, et je résolus de n'aimer que Dieu seul. Admise à le servir dans ce temple magnifique, élevé à sa gloire par la piété de nos ancêtres, je priais l'Eternel tous les jours, et j'attendais avec son peuple l'avénement du désiré des nations.

MADIANA (*avec expression*).

Ah ! vous êtes Anna, la célèbre prophétesse, celle qui, partageant les transports du saint vieillard Siméon, eûtes le bonheur insigne de presser sur votre sein l'Enfant-Sauveur, puis de présager, dans un cantique sublime, ses douleurs et sa gloire !...

ANNA.

Vous avez dit vrai, mon enfant, je suis la fille de Phanuel, de l'antique tribu d'Aser.

MADIANA.

Les paroles que vous dîtes alors, ne pourriez-vous les reproduire ? Il nous serait aussi doux qu'avantageux de les entendre.

ANNA.

Il n'est pas possible de commander au sentiment, à l'inspiration ; cependant tel est mon désir de vous satisfaire, que j'essayerai de rappeler, autant que le

1*

permettra ma mémoire affaiblie, les faits tout à la fois douloureux et consolants que l'Esprit-Saint daigna me révéler. Oh! combien dut en même temps et souffrir et jouir cette mère si tendre qui m'entendait présager et les douleurs et le triomphe immortel de son Fils!

(Anna lève les yeux vers le ciel, puis portant la main sur son cœur, elle prophétise.)

MÉLOPÉE.

Après les chants si doux des célestes phalanges,
Les transports des bergers, rivaux de ceux des Anges,
Et les dons parfumés des sages d'Orient,
Mon âme, épanouie à ce tableau riant,
Se fane aux tristes sons qui soudain l'ont blessée :
On dirait d'un sépulcre une voix élancée,
Et puis des cris aigus, mais soudain réprimés :
Que veulent ces regards par la haine allumés,
Ces traits que la fureur contracte et rend livides,
Et ces pas saccadés tantôt lents ou rapides?
Quel démon se tourmente au fond de ce palais,
Des coups qu'il va porter redoutant l'insuccès?
Oh! sans doute il s'agit d'une illustre victime,
Car le tyran chancelle, il a peur de son crime;
On parle d'un enfant, d'un Sauveur nouveau-né,
Que ses droits, que Dieu même au trône ont destiné!
Le despote a pâli, ses terreurs le suffoquent ;
Il se sent défaillir : ses genoux s'entrechoquent ;
On dirait Balthasar en face du destin
Qu'écrit le doigt vengeur d'un infâme festin ;

Les méchants ne sont pas à l'abri de la crainte,
Et leur cœur plus qu'un autre en sent la rude étreinte.
Mais les Mages bientôt , servant à leur insu
L'affreux dessein qu'Hérode et l'enfer ont conçu,
Reviendront dissiper sa fureur tyrannique
Et signaler l'enfant au glaive politique ;
Un crime ira se joindre à tant d'autres forfaits.
Tu t'abuses, cruel ! il connaît tes projets
Celui qui , quand il veut, sait frapper de vertige
Et briser l'insolent qui contre lui s'érige.
Attentive au signal du guide souverain ,
L'étoile conductrice ouvre un autre chemin.
Le monstre avec horreur en apprend la nouvelle ;
Sa voix tremble et rugit, son regard étincelle ;
Et puis, au moindre bruit , il se cache, il a peur,
Lui favori de Rome et d'Auguste empereur !...
Tant le droit qui surgit épouvante la force !
Tant se rend misérable avec Dieu qui divorce !
Tyran, pourquoi trembler? Oh ! que tu connais peu
Le sublime dessein que nourrit l'Enfant-Dieu !
Tous les sceptres des rois, leurs trésors, leur empire,
Ne sont point les hochets auxquels son cœur aspire :
César pourra garder ce qui flatte César.
Lui vint pour déployer un plus noble étendard ;
Dédaignant les palais , il vivra sous le chaume ;
Le monde des esprits , voilà son vrai royaume.
Mais ton dépit invoque un déluge de sang.
Il te faut du plus pur et du plus innocent ;
Ici la cruauté dégénère en folie :
Caprices révoltants , redoutable manie ,

Que vous allez coûter de larmes à Rachel !
Quels coups vous destinez à son cœur maternel !
Et vous qu'elle appelait les sœurs de sa jeunesse ,
Qui des plus belles fleurs formiez l'heureuse tresse
Qui devait se jouer dans l'or de ses cheveux,
O filles de Sion , compagnes de ses jeux ,
Laissez-la se couvrir d'un voile funéraire ,
Laissez-la déplorer le malheur d'être mère ,
Ne vous consumez pas en efforts superflus :
Son deuil est éternel, ses enfants ne sont plus...
Toi, tu perdras le fruit, tyran , de ta démence ;
En forfaits impuissants ta fureur se dépense,
D'inutiles poignards sont tirés à ta voix,
L'enfant que tu poursuis n'est pas mûr pour la croix.
Hâtez-vous , anges saints; inclinez-vous , nuages
Qui devez l'emporter aux antiques rivages
Où Joseph autrefois souffrit et prospéra :
A l'aspect de Jésus le désert fleurira !
Lève-toi , saint vieillard : entends la voix des Anges
Qui t'indiquent la route en chantant les louanges
De l'enfant que Marie abrite sur son sein ;
Oh ! qui pourrait sonder l'admirable dessein
Qui te fit choisir, toi, pauvre et nu sur la terre ,
Pour guide et pour soutien à Jésus , à sa mère ?
Tu marches sous le faix et des ans et du jour,
Mais leur poids s'adoucit allégé par l'amour;
Tu marches , l'œil fixé sur Jésus, sur Marie ,
Deux trésors que tu cours soustraire à la furie
Du tyran soupçonneux qu'un enfant fait trembler.
Bon vieillard , un instant , laisse-moi contempler

Celui qui fait du ciel descendre l'espérance ;
Et pour tarir les pleurs que verse la souffrance,
Entre le pauvre et Dieu place une échelle d'or.
Bon vieillard, laisse-moi le contempler encor,
Ce front où la candeur à la noblesse unie.
Reflète en doux rayons les grâces de Marie :
La liane amoureuse enlacée au palmier,
La brise qui se joue aux touffes d'un rosier,
Le ruisseau murmurant qui caresse la rive,
L'étoile que reflète une onde fugitive,
L'oiseau qui se balance aux bosquets d'Engaddi,
Dans un berceau de fleurs un bel ange endormi,
La colombe abritant ses petits sous ses ailes,
Offrent un moindre charme et des grâces moins belles
Que Marie endormant le Sauveur sur son sein !
Mais quel éclair fatal a traversé soudain
Ton front si rayonnant et si calme naguère ?
Vierge sainte, dis-moi quelle pensée amère
A rembruni la glace où Jésus se mirait ?
C'est que dans le lointain un fantôme apparaît.
Le sanglant Golgotha semble dresser sa tête
Et déjà demander si la victime est prête !
O fille de David, le glaive de douleur
Fut prompt à découvrir le chemin de ton cœur !
Maternité divine, oh ! que ta gloire est chère !
Que d'angoisses, Seigneur, marqueront ta carrière !...
Mais l'homme vainement luttera contre toi ;
L'univers doit fleurir à l'ombre de ta loi !
Poursuis ta route en paix, ton jour n'est pas encore...
Enfant, tu dois grandir et tu n'es qu'à l'aurore.

FATHIMIS.

Oh ! il me semble que ce glaive douloureux dont vous parlez me perce le cœur à moi-même. Cher enfant, pauvre mère, que ne pouvons-nous, en les partageant, alléger vos douleurs?

MADIANA.

Il est donc bien vrai qu'avant d'entrer dans sa gloire, le Christ aura beaucoup à souffrir?

ANNA.

Oui, beaucoup à souffrir, à souffrir jusqu'à la mort! Et toutes ces douleurs volontaires sont une marque de son amour pour les hommes.

ZÉA.

Oh ! combien nous devons l'aimer à notre tour!

ALTINE.

Comment lui exprimer jamais toute la reconnaissance qui fait battre nos cœurs?

LAHZA.

On ne peut s'acquitter qu'en l'aimant, et en l'aimant de toutes les forces de son âme.

VANGÉLY.

Et aussi en pratiquant les douces vertus dont il vint nous donner l'exemple.

ARSINOÉ.

Puissant comme il l'est, pourquoi ne pas foudroyer ses ennemis?

DATHY.

Oui, pourquoi ne pas briser le glaive dans les mains des méchants?

AISLA.

Il faut, dit-on, pardonner aux ennemis; mais il en est dont il serait bon que l'insolence fût anéantie.

GADZINE.

Ces méchants qui ne se repentent jamais, pourquoi ne pas les punir ?

ANNA.

Dieu n'est si patient que parce qu'il est éternel, et que le crime ne saurait lui échapper; quelquefois, néanmoins, sa justice éclate en ce monde par de terribles châtiments.

ISMAIL.

S'il est un criminel qui ait mis le comble à la mesure, c'est sans contredit cet Hérode si méchant, qui s'est fait le premier persécuteur du Messie, et l'auteur de ce massacre affreux que vous nous avez dépeint en termes si énergiques.

ANNA.

Oh ! quant à celui-ci, le châtiment ne s'est point fait attendre. Frappé d'une plaie soudaine, incurable, et rongé de vers, il vient d'expirer au milieu des plus épouvantables tortures (*mouvement*). N'en témoignons ni joie, ni chagrins : Dieu l'a jugé : silence !...

MADIANA.

A présent, du moins, le tyran n'est plus; la Judée est libre.

ANNA.

Oui, ma sœur, et le Messie bientôt y reparaîtra.

FATHIMIS.

Nos vœux se réalisent! peut-être le reverrons-nous
à son passage dans le désert.

ANNA.

Aujourd'hui même, il doit reposer dans la grotte
miraculeuse.

TOUTES.

Oh ! quel bonheur ! Oh ! quel bonheur !

MADIANA.

Allons vite à l'ouvrage ; et que toutes ces fleurs
soient promptement entrelacées.

ZÉA.

Noble et sainte prophétesse, c'est le bon ange du
désert qui vous a conduite auprès de nous.

ALTINE.

A présent nous ne saurions manquer l'instant
favorable, et la plus douce de toutes les satisfactions
ne peut nous échapper.

DATHY.

La difficulté est de savoir laquelle d'entre nous
aura l'honneur de porter et d'offrir la couronne au
nom de toutes ses compagnes.

MADIANA.

Aucune d'entre nous, je pense, n'oserait le dis-
puter à la bonne et sainte prophétesse dont la présence en ce moment nous est doublement précieuse.

TOUTES.

Oui, oui, Anna la Prophétesse.

ANNA (*recevant la couronne*).

Allons, je vois bien qu'il faut que je m'exécute : c'est une conspiration universelle. J'accepte l'insigne honneur de présenter cette couronne en votre nom, et d'en ceindre la tête du plus grand et du plus aimé des souverains. Pour vous, mes filles, n'oubliez jamais d'aimer et de pratiquer pour votre propre compte les belles et touchantes vertus dont vous avez réuni les emblèmes gracieux : modestie, charité, douceur, courage à toute épreuve dans les difficultés de la vie et dans l'observation du devoir, voilà aussi les fleurons d'une autre couronne qui toujours doit reposer sur le front des vraies adoratrices du Messie.

Partons, car en ce moment même la sainte famille fait son entrée dans la grotte miraculeuse.

CHŒUR FINAL.

Partons, partons, tressaillons d'allégresse,
Remplissons l'air de nos joyeux accents ;
Oui, donnons cours aux élans de tendresse ;
Et que l'écho redise au loin nos chants.

UNE VOIX.

Par révérence,
En sa présence,
Nos bouches se tairont ;
Mais nos cœurs parleront,
Et lui diront :
Reconnaissance !

ANNA.

De ces fleurons choisis
Que vos mains ont unis
Dans ce beau diadème,
 Chacun parlera
  Et lui dira :
  Que je vous aime !

TOUTES.

Partons, partons, etc.

FIN D'ANNA LA PROPHÉTESSE.

LES

BERGÈRES DE LA PALESTINE

AU TEMPS DU MESSIE.

PERSONNAGES.

—

CÉLUTHA.

ZÉBORA.

DAMASCA.

CÉPHA.

DÉBORA.

DINA.

IPHTY.

JULIA.

JONABDA.

AZIELLA.

HENDA.

GALATA.

La scène est au pied du Thabor, proche Nazareth.

BERGÈRES DE LA PALESTINE

AU TEMPS DU MESSIE.

CÉLUTHA.

Il semble que le Ciel veuille favoriser notre pieuse excursion : la matinée ne saurait être plus belle, un calme doux et profond règne dans toute la vallée du Thabor, la terre est humide de rosée, les oiseaux chantent et voltigent autour de nous. Il faut avouer, Zébora, qu'il ne nous était pas possible de choisir un rendez-vous plus agréable.

ZÉBORA.

Je ne sais ce qui attarde nos compagnes : leur zèle et leur amour pour la sainte Famille que nous devons, aujourd'hui, visiter ensemble, sont cependant bien connus.

CÉLUTHA.

Vous savez que chacune de nous doit offrir avec l'expression de ses sentiments quelques fruits découverts par elle sur les flancs de ce mont fertile, ou bien encore quelques mets délicats préparés de ses

mains; le soin que demandent ces divers approvisionnements aura, sans doute, occasionné le retard
qui nous étonne.

ZÉBORA.

Écoutez, j'entends des voix qui se rapprochent;
nos inquiétudes n'étaient pas fondées : voici nos
compagnes.

(*Entrée de plusieurs bergères; elles arrivent en chantant.*)

Quel beau jour nous éclaire!
Unissons
Nos chansons
Et nos dons.
Au jeune Roi du ciel et de la terre
Allons les offrir, allons.

CÉLUTHA.

A présent, mes sœurs, si vous le voulez bien, la
revue de nos approvisionnements; voyons ensemble,
si nous avons été chanceuses dans la préparation du
goûter que nous destinons à la sainte Famille. Pour
ma part, je veux offrir une coupe toute pleine d'un
lait savoureux infusé de plantes aromatiques : c'est
un secret de mon invention et que je n'ai encore
communiqué à personne.

ZÉBORA.

Avec l'aide d'un serviteur dévoué, j'ai pu me pro-
curer une corbeille de joncs habilement entrelacés;
elle est toute pleine des fruits de ce figuier superbe

que j'ai découvert dans l'un des enfoncements les plus abruptes de la montagne. Si la peine qu'ils m'ont coûtée peut leur donner quelque prix, ils ne sont point indignes d'être offerts à l'auguste et tendre objet de notre amour et de nos adorations.

DAMASCA.

Grâce au secours de Cinotha, ma vieille nourrice, qui s'est prêtée à mes désirs avec un empressement qui lui vaut toute ma reconnaissance, je puis offrir, dans un vase de grès, composé du sable le plus fin, une liqueur rafraîchissante et savoureuse, extraite depuis deux ans de ces dattes renommées dans tout le pays et qui croissent derrière ces massifs, à l'abri des rafales brûlantes du désert.

CÉPHA.

Je me suis approvisionnée de quelques rayons de miel recueillis dans la courbure d'une roche escarpée : vous savez la délicatesse exquise de celui qui se trouve à ces hauteurs couronnées de plantes et de fleurs embaumées.

DÉBORA.

J'ai réuni quelques bananes parfaitement mûres ; vous savez combien ces fruits sont nourrissants, j'y ai joint une composition dont je connais le secret ; qu'il me suffise de dire qu'une manne douce comme le miel s'y mêle aux grains de bétel parfumé.

GALATA.

Les fruits que je présenterai sont les premiers dont se charge le jeune palmier qui les a fournis ; jugez de mon bonheur à les offrir à celui à qui appartiennent les prémices de toutes choses, des productions de la terre comme des sentiments du cœur !...

HENDA.

C'est pour ce motif que je destine au tendre objet de notre amour et de nos adorations une corbeille travaillée de mes mains et que j'ai remplie de ces fraises hâtives dont rien ne saurait égaler les parfums, moindres cependant que ceux de ses vertus.

DINA.

Je n'aurai que quelques poires odorantes, fruits moins renommés que beaucoup d'autres, mais précieux dans cette contrée, car ils sont des plus rafraîchissants.

IPHTY.

Je suis heureuse d'avoir à présenter des oranges dont la couleur le dispute à l'or que fournit Ophir. J'oserai dire qu'il n'est point d'aromates plus exquis, et que le goût en est aussi distingué que savoureux.

JULIA.

J'ai préparé moi-même un gâteau que j'ai pétri avec du lait et du miel. J'ai eu soin d'y joindre trois petits pains d'une farine de froment choisi, et qui n'est moulu que pour être offert à Dieu dans les solennités les plus saintes.

JONABDA.

J'ai rempli d'une onde pure un vase blanc et profond ; les anses en sont artistement travaillées ; sur

les bords court une guirlande où s'entrelacent des
fruits si frais, si vermeils, qu'on les dirait pendants à
l'arbre qui les a produits. C'est là, dans ce bain parfumé, que le divin Enfant pourra, selon l'usage,
tremper et ses doigts et ses pieds délicats avant de
goûter aux mets que nous lui destinons.

AZIELLA.

Moi, j'ai réuni quelques tissus blancs, chauds et
soyeux, pour sécher ensuite le corps adorable de ce
cher et aimable Enfant. Croyez bien que s'il daigne
en user, je les conserverai toujours avec le respect le
plus religieux, avec l'amour le plus tendre.

TOUTES LES BERGÈRES.

Quel beau jour nous éclaire!
Unissons
Nos chansons
Et nos dons.
Au jeune Roi du ciel et de la terre
Allons les offrir, allons!

CÉLUTHA.

L'âge me donnant parmi vous une sorte de prési-
dence, je ferai observer que le choix des mets me
semble délicat et parfaitement assorti à la circons-
tance; mais vous savez qu'il est convenu aussi que
chacune de nous joindra à son offrande particulière
la juste expression des sentiments qui l'animent. Vous
avez préparé vos compliments, je suppose: voulez-vous
que nous les répétions ensemble, avant notre départ

pour l'humble habitation où daigne en ce moment séjourner celui qui possède toute la vaste étendue des mondes?

TOUTES.

Volontiers, volontiers.

CÉLUTHA.

Eh bien! prenez place sur ces siéges de verdure, à l'ombre de ces platanes touffus; j'écouterai avec le plus vif intérêt les paroles qui serviront à traduire les douces et poétiques inspirations de votre cœur; je m'exécute la première. Voici à peu près ce que j'aurai à dire : Un jour que je guidais mon troupeau dans de frais et verts pâturages, je ne pus m'empêcher de contempler et d'admirer, le plus longtemps qu'il me fut possible, un ruisseau limpide et murmurant, qui coulait sous l'épaisseur des gazons; sur ses bords tout était grâce et harmonie : les fleurs les plus brillantes se pressaient d'éclore à son passage, et le ruisseau coulait comme couronné par elles; et je me disais : Que deviendraient toutes ces productions merveilleuses, si la source qui les nourrit venait à disparaître? Hélas! elles se faneraient bientôt, et le deuil succéderait à tous ces trésors épanouis... Aimable ruisseau, divin Enfant, qui êtes venu embellir cette contrée de votre présence, continuez à rafraîchir la terre antique de Chanaan; et des moissons de fleurs ou plutôt de ces douces vertus que vous aimez tant, y continueront d'éclore et de former votre couronne.

ZÉBORA.

Le même spectacle a frappé mes regards, et le souvenir que j'en garde m'a inspiré les mêmes pensées ; seulement, je demande à les exprimer dans un langage différent, et je m'estimerai heureuse si je puis atteindre à l'harmonie de vos paroles. Je dirai :

Dans ce ruisseau dont la source féconde
Fournit aux fleurs la vie et les appas,
Je vois l'image et du Sauveur du monde
Et des bienfaits qui naissent sous ses pas.

A son aspect la corolle flétrie
Retrouve encor son éclat, sa fraîcheur ;
Mais son absence attriste la prairie,
Le deuil s'assied où régnait la splendeur.

L'onde parfois revient sur elle-même
Par des chemins que lui trace l'amour ;
Aimable enfant, nous reviendrons de même,
Si vous daignez permettre ce retour.

DAMASCA.

Je dirai : Un vénérable vieillard m'a quelquefois parlé d'un arbre majestueux qui s'était fait jour à travers les épines ; peu à peu, ajoutait-il, l'arbre a élevé sa tête au-dessus d'elles. Les obstacles qui ont voulu embarrasser sa croissance ont péri ; puis sont venus les aquilons fougueux, mais ils n'ont pu l'ébranler ; ses racines s'enfonçant de plus en plus, embrassaient les roches profondes ; grossi par les pluies nouvelles et par les eaux qui s'écoulaient des montagnes, un torrent fougueux l'attaque à son tour, mais les flots vaincus se brisent à sa base. L'onde irritée bouillonne, s'amoncelle, retombe avec fracas contre l'arbre qu'elle enveloppe de ses plis écumants ; l'arbre paraît un instant ébranlé, il semble fléchir, mais il se relève vainqueur de l'orage et du torrent dévastateur ; sa tête se couronne de feuillage et de fruits, et ses rameaux triomphants s'élèvent jusqu'au ciel. Ma sœur Cépha s'est réservé, ainsi que nous en sommes convenues, le soin d'indiquer à qui s'applique cette image d'une lutte à outrance de la part des méchants et du triomphe immortel qui anéantira leurs efforts.

CÉPHA.

LE CHÊNE.

L'enfant qui vient réparer nos ruines,
Malgré l'enfer dont il doit triompher,
C'est cet arbre qui croît au milieu des épines
Dont le faisceau cruel ne pourra l'étouffer !
En vain jaillit la foudre meurtrière
Qui le devait frapper d'un coup mortel ;
Redressant tout à coup sa tête noble et fière,
Il porte triomphant ses rameaux jusqu'au ciel !
Arbre plus fort que la rage inutile
De tous ses flots qui viennent l'assaillir,
Il élève son front victorieux, tranquille ;
L'orage et le torrent n'ont fait que l'affermir.

DÉBORA.

C'est une fiction, mais dans les termes seulement. On voudra bien me pardonner ce qui ne tient qu'à l'imagination, en faveur de la tendre réalité qui est au fond de mon cœur :

Une aimable fauvette et la tendre Philomèle habitaient un frais et vert bocage, qu'elles faisaient retentir de leurs accents mélodieux. La fauvette, un peu jalouse, aurait bien voulu proposer un défi à sa jeune compagne, sans trahir néanmoins le véritable motif qui l'y engageait. Cependant le bruit s'était répandu que le jeune Messie, de retour d'Egypte, s'était fixé dans cette contrée et que les merveilles se multipliaient sous ses pas : l'occasion était belle et favorable, et la fauvette en sut profiter ; elle invita Philomèle à célébrer le triomphe, les grâces, les vertus et les bienfaits de celui dont la renommée publiait tant de prodiges. Depuis l'heure où le soleil commence à dorer de ses feux l'Orient empourpré, jusqu'à celle où il n'éclaire plus que le sommet des plus hautes montagnes, les deux rivales célébrèrent dans leurs chants le fils de la plus aimable, de la plus pure de toutes les vierges. Elles le représentèrent tour à tour comme l'attente, le désiré des nations ; c'était la rosée tombant sur le sol altéré qu'elle fertilise ; c'était la lumière qui chasse les ténèbres, la force qui élève les humbles et qui brise les orgueilleux ; c'était le grand, l'universel libérateur ; c'était enfin la *Voie*, la *Vie* et la *Vérité;* et telle fut la beauté, l'harmonie de leurs chants, qu'au rapport des meilleurs juges la victoire resta indécise.

DINA.

Je me permettrai d'ajouter quelques strophes qui

reproduiront, sous d'autres termes, cette gracieuse allégorie :

LES DEUX RIVALES.

Si les accents des hôtes du bocage
Ont coulé pleins d'une égale douceur;
Si l'on n'a pu juger de l'avantage,
Ni décider quel fut l'oiseau vainqueur,
C'est qu'ils chantaient l'Enfant Libérateur !

C'est qu'ils disaient l'innocence première
Rendue au monde et la paix qui la suit ;
C'est qu'ils chantaient l'éternelle lumière
Qui vint chasser les ombres de la nuit ;
C'est qu'ils chantaient le soleil qui nous luit.

C'est qu'ils disaient combien il faut qu'on aime
Qui nous aima jusqu'à naître et souffrir,
Oui, jusqu'au point de prendre sur lui-même
Le poids fatal qui nous faisait gémir...
C'est qu'ils chantaient comme on doit le bénir.

IPHTY.

Un jour que je reposais à l'ombre d'un palmier, et que Julia, ma sœur, y reposait avec moi, je lui parlai de l'Enfant divin, dont le séjour à Nazareth parmi les pauvres, au pied de ces montagnes, nous cause de si doux, de si tendres ravissements ; puis nous cherchâmes autour de nous une image de ses bienfaits et de notre reconnaissance. Le soleil dardait ses rayons enflammés, et les plantes courbaient tristement leurs têtes languissantes. Nous aperçûmes un rosier presque desséché par la chaleur; ses feuilles s’inclinaient vers la terre, et toutes ses fleurs jolies s’affaissaient autour de la tige. « Iphty, me dit alors ma sœur, descends jusqu’à la source qui jaillit dans le vallon, et remplis ce vase qui sert à nous désaltérer. » J’obéis avec empressement, car déjà je comprenais sa pensée. Ensuite, elle m’ordonne de faire couler cette onde fraîche et abondante sur les rameaux languissants. Peu à peu les feuilles du rosier reverdirent, et des boutons entr’ouverts s’exhalèrent les parfums les plus agréables. Nos regards se rencontrèrent; le même sentiment nous agitait : l’humanité déchue, c’était le rosier souffrant; l’onde qui le ravive, c’est le Messie attendu comme une douce et céleste rosée ; et les parfums qui s’exhalaient de ses fleurs redevenues brillantes, c’est bien l’image de la reconnaissance que nous devons au jeune et pacifique restaurateur de nos priviléges perdus par le premier Adam et reconquis par le second.

JULIA.

Je demande la permission de reproduire en d’autres termes ces réflexions qui nous étaient communes; Iphty n’en sera point fâchée :

> Pourquoi ta tête si belle
> Tristement se penche-t-elle?
> Tu vas périr ! dis-moi,
> Pauvre rosier, pourquoi?
> — C’est que j’ai perdu ma brise,
> C’est que la chaleur m’épuise;
> Voilà, voilà pourquoi
> Le deuil s’étend sur moi.

— Mais tes fleurs pâles et sèches
Tout à coup deviennent fraîches ;
    Ce changement, dis-moi,
    Qui donc l'opère en toi ?
— Oh! c'est qu'une main bénie
A sur ma tige flétrie
    Versé ses dons chéris;
    C'est pourquoi je fleuris.

— Rosier, tu m'offres l'image
D'un saint et sublime ouvrage
    Qu'opère mon Sauveur,
    L'enfant roi de mon cœur;
Oui, je vois dans cet emblème
    L'œuvre de celui que j'aime :
    Le monde allait périr ;
    Lui, l'a fait refleurir.

JONABDA.

Un beau jour de printemps je portais mes pas dans
un vallon qu'émaillaient les plus belles fleurs. Le vif
éclat dont elles brillaient, leurs parfums délicieux, le
silence qui régnait dans cette solitude, interrompu
seulement par le chant des oiseaux et le murmure
des ondes qui tombaient en cascade d'une roche voi-
sine, le loisir qui m'était donné, les touchantes vertus dont chacune était l'emblème : tout rendait pour
moi cet aspect ravissant, et je songeai à cueillir les
plus belles de ces riantes productions de la nature.
Déjà plusieurs étaient devenues ma douce conquête,
et j'allais les réunir en un seul bouquet, lorsqu'une

brise légère, s'élevant du fond de la solitude, fit frémir le feuillage d'un rosier vers lequel je dirigeais mes pas. Eveillé par ce doux bruissement, l'ange de la vallée, qui s'était endormi sous ce frais ombrage, parut tout à coup à mes yeux surpris et charmés; il était éblouissant de lumière, sa chevelure retombait en boucles d'or sur ses épaules que recouvrait un voile d'azur; sur son sein brillant se confondaient et la blancheur du lis et la pourpre de la rose; et secouant ses ailes argentées, il prend légèrement son vol et promène un regard satisfait sur son aimable empire. Les oiseaux redoublent leurs chants, les ruisseaux coulent avec un plus doux murmure, les parfums deviennent plus suaves, les fleurs étalent des corolles plus brillantes; la brise les agite avec plus de grâce, le vallon tout entier tressaille et s'embellit. Ah! c'était un spectacle enchanteur et bien digne de fixer les regards d'un immortel! Et je vis que sur ses lèvres vermeilles allait se dessiner un doux sourire.... Mais, ayant aperçu dans l'instant même les fleurs que je venais de cueillir, il s'arrête; ses yeux, naguère si tendres et si doux, brillent comme l'éclair; ses traits angéliques sont empreints d'une majesté sévère, et il dit d'un ton qui m'eût effrayée si les motifs de ma conduite eussent été moins purs : « Téméraire enfant, qui t'a donné le droit de franchir les limites d'un domaine confié à ma garde? qui t'a donné le droit d'y cueillir et d'emporter ces fleurs qui m'appartiennent? — Pardonnez, lui dis-je en m'inclinant jusqu'à terre, pardonnez, bel immortel : ces fleurs, je veux en faire hommage au Fils de Dieu, à celui qui, pour sauver les hommes, s'est rendu semblable à l'un d'entre eux, à celui qui dérobe sa majesté ineffable sous les traits d'un aimable enfant, de l'Emmanuel promis à nos pères, et que nous avons le bonheur de posséder et de contempler ici, tout près de nous dans l'humble domicile de Nazareth. » Je parlais encore, et l'ange s'était agenouillé par respect pour le nom que j'avais prononcé; puis il ajouta, avec une douceur de langage qu'il m'est impossible de reproduire : « Allez, jeune bergère : que les fleurs et les parfums de ce vallon vous accompagnent; oh! il est bien juste d'en faire hommage à celui-là même qui a fait éclore, à celui qui a peint d'aussi riches couleurs tous ces trésors qui vous ont charmée. » Puis, ouvrant ses blanches ailes, il disparut à mes yeux.

HENDA.

J'essayerai de reproduire dans un autre langage cette scène merveilleuse, laquelle jamais ne sortira de ma mémoire. La mesure que j'adopte étant courte et difficile, je demande quelque indulgence pour ma poésie improvisée; mais si la rime fait défaut, le sentiment, du moins, ne manquera jamais.

L'ANGE ET L'ENFANT.

Auprès d'un palmier,
  Sous un rosier,
  Je vis un ange,
Il semblait dormir;

Mais un soupir
Du frais zéphir
Agitant son aile
Doucement l'éveille.
Soudain , tout fleurit,
Tout resplendit;
La fleur nouvelle,
Le chant de l'oiseau
Et le ruisseau,
Tout est plus beau.

Et je vis encor
En boucles d'or,
Sa chevelure
Friser et flotter,
Puis retomber
Et se jouer !
C'était une rose
Fraîchement éclose;
C'était le jasmin ,
Le romarin ,
Le laurier-rose;
Tout en lui brillait
Et rayonnait,
Et me charmait.

J'avais dans ma main
Le doux butin
De la vallée;
J'avais un bouquet,

Bel et bien fait,
Vraiment parfait...
Mais l'ange en colère,
Dit d'un ton sévère :
Pourquoi profaner,
Pourquoi faner
Mon beau parterre ?
Ta témérité,
En vérité,
M'a révolté !

Tremblante de peur,
Dans ma frayeur,
Je dis : Bel ange,
Tu pardonneras
Quand tu sauras
Que je n'ai pas
Cueilli pour moi-même
Ce bouquet, emblème
Des saintes vertus :
C'est pour Jésus...
Que mon cœur aime !
L'ange s'inclina,
Me caressa,
Puis s'envola.

AZIELLA.

Je n'ai à rapporter qu'un songe, mais aussi est-il des
plus gracieux qui se puissent imaginer : il me semblait que j'errais silencieuse dans un vallon solitaire;
tout à coup mes regards se sont portés sur un spectacle charmant : c'était l'Enfant-Dieu qui dormait

auprès de sa mère, dans un berceau de fleurs. Saisie et toute tremblante d'émotion, je tombai à genoux pour adorer mon Sauveur; puis j'osai me relever et m'approcher, pour contempler le sommeil de l'innocence. Oh! qu'il était beau, qu'il était calme! Jésus dormait, et le sourire était peint sur ses lèvres; autour de lui s'exhalait un parfum délicieux, dont toutes les fleurs les plus embaumées ne sauraient offrir qu'une bien faible image. Pressée par un sentiment irrésistible, j'allais m'avancer encore, mais je m'aperçus, à l'attitude doucement impérative de cette mère, de cette Vierge incomparable qui veillait auprès de son fils, qu'elle imposait silence à tout ce qui l'entourait, à l'onde qui gazouille, aux ruisseaux murmurants, et même à des milliers d'anges accourus pour contempler le spectacle enchanteur. Docile à cette recommandation, ils n'osaient qu'à peine agiter le feuillage du léger bruit de leurs ailes. Un seul chant se faisait entendre; mais il était si doux, si plein d'harmonie, que loin de le troubler, il semblait rendre plus profond et plus paisible encore le sommeil de l'Enfant-Dieu. J'en ai retenu quelques paroles, souvent même je les ai communiquées à ma sœur Galata, qui se fera sans doute un vrai plaisir de les reproduire.

GALATA.

SOMMEIL DE JÉSUS.

Jésus sommeille...
Que d'aucun bruit

L'éclat subit,
Que rien n'éveille
Ce cher petit !
Et qu'à peine soupire
Dans les rameaux Zéphire !

Jésus sommeille :
Charmant ruisseau,
Retiens ton eau ;
Toi, Philomèle,
Ton chant si beau ;
Et qu'à peine soupire
Dans les rameaux Zéphire !

Mais s'il s'éveille,
Charmant ruisseau,
Roule ton eau ;
Toi Philomèle,
Ton chant si beau ;
Que tout chante ou soupire,
L'oiseau, l'ange et Zéphire !

AZIELLA.

Ces derniers mots avaient à peine frappé mes
oreilles, que je m'éveillai soudain, et avec mon
songe s'envola la douce et chère apparition ! Hélas,
ce n'était qu'un rêve, aujourd'hui ce sera réalité !

CÉLUTHA.

Oui, chère Aziella, et votre bonheur, toutes nous
le partagerons avec transport ! à peine y aura-t-il

quelques mots à changer aux récits divers que j'ai entendus, et vos paroles comme vos dons ne pourront qu'être agréables à l'auguste et sainte Famille que nous allons visiter. Voici que le soleil atteint plus que le tiers de sa course; mettons à profit le reste d'une aussi belle journée, pour accomplir notre religieux pèlerinage; demain nous reprendrons la garde de nos troupeaux, confiés en attendant à de sûrs et fidèles serviteurs.

TOUTES.

Un beau jour nous éclaire !
Unissons
Nos chansons,
Et nos dons ;
Au jeune Roi du ciel et de la terre
Allons les offrir, allons.

FIN.

Poitiers. — Typographie et stéréotypie OUDIN.

LA RELIGION EN ACTION

DRAMES.

1re SÉRIE COMPRENANT :

1º **Moïse sauvé des eaux**, Drame en trois actes, in-18, broché. » 60

2º **La Fille de Jephté**, Drame en trois actes, in-18, broché. » 60

3º **Anna la Prophétesse. — Les Bergères de la Palestine au temps du Messie**, Pastorales, in-18, broché. » 60

4º **Eustache, martyr**, Drame en trois actes, in-18, broché. » 60

5º **Lucie, vierge et martyre**, Drame en trois actes, in-18, broché. » 60

6º **Clotilde ou la Conversion des Francs**, Drame en trois actes, in-18, broché. » 60

7º **Pélage ou la Croix affranchie**, Drame en cinq actes, in-18, broché. » 80

8º **Ingelburge ou l'Épouse chrétienne**, Drame en trois actes, in-18, broché. » 60

AVIS DE L'ÉDITEUR.

Pour être essentiellement morales et religieuses les pièces qui précèdent n'en offrent pas moins une lecture aussi attrayante qu'elle est instructive.

Le plus grand soin ayant présidé au choix des sujets et à l'ordonnance des rôles, ces drames peuvent être joués dans les maisons d'éducation où l'on a conservé l'usage de ces sortes d'exercices.

C'est qu'effectivement rien n'est plus propre à rehausser l'intérêt qui s'attache aux diverses solennités scolaires. Désireux de joindre autant que possible l'utile à l'agréable, *utile dulci*, comme dit l'adage antique, l'auteur s'est principalement inspiré des modèles si chers à la jeunesse : FÉNELON et RACINE.

Poitiers. — Typographie et stéréotypie OUDIN.